Papa Francisco

PÍLDORAS PARA EL ALMA

Papa Francisco

PÍLDORAS PARA EL ALMA

Sus mejores tuits

Selección de **Juan Vicente Boo**

ESPASA

Diseño de interior: María Pitironte

Depósito legal: B. 19.569-2017
ISBN: 978-84-670-5058-5

Espasa, en su deseo de mejorar sus publicaciones, agradecerá cualquier sugerencia que los lectores hagan al departamento editorial por correo electrónico: sugerencias@espasa.es.

www.espasa.com
www.planetadelibros.com

Impreso en España/*Printed in Spain*
Impresión: Egedsa

El papel utilizado para la impresión de este libro es cien por cien libre de cloro y está calificado como papel ecológico.

Espasa Libros, S. L. U.
Avda. Diagonal, 662-664
08034 Barcelona

ÍNDICE

•

•

•

—Usted tiene más de 33 millones de seguidores en Twitter que leen sus tuits cada día. Pero, ¿pueden meditarlos también para hacer oración?

—Sí, claro. Están siempre a su disposición... ¡Que los usen para rezar!

Francisco a Juan Vicente Boo

(VUELO ROMA-FÁTIMA, 12 DE MAYO DE 2017)

Queridos amigos, os doy las gracias de corazón
y os ruego que sigáis rezando por mí.
Papa Francisco.

(PRIMER TUIT DEL PAPA. 17 DE MARZO DE 2013)

El papa Francisco, amante de los acrósticos y de la historia de los números, quizá no haya contado nunca hasta 140. Los primeros apóstoles no se sentaron a hacer cálculos antes de ponerse en camino. Y la Iglesia católica sigue anunciando con señales de humo la elección de cada nuevo Pontífice. Asomado a una ventana, el mismo día y a la misma hora, el mensajero sigue proclamando la misma Buena Noticia. La novedad es que funciona. Sin algoritmos.

Tiene pocos misterios la comunicación de la Iglesia. La Tipografía vaticana suma tantos años como la revolución de Gutenberg; la Radio, la misma edad que Marconi. La página web de la Santa Sede nació con la World Wide Web. Ahora estamos hablando de «tuits para el alma» y, en realidad, los tenemos sintetizados en versículos desde hace dos mil años. Como dice el autor de este libro: «No hay nada más tuitero que el Evangelio».

¡Qué suerte, lector, si te asomas por primera vez a estas «píldoras»! Ayudan a mirar a Dios, y a mirar con Él hacia dentro —disposiciones, rectitud, motivos— y hacia fuera, hacia los demás. Francisco es positivo. Mueve a amar, a sentirse responsable, a salir del pueblo chico.

No esperes encontrar demasiadas sorpresas, pero sí muchas sugerencias de gran valor. Son perlas que había que rescatar y ordenar. Juan Vicente Boo, con su sabiduría y proverbial generosidad, es ahora el amanuense que nos las trae en cajoncitos.

Como en esos calendarios de Adviento... dentro siempre hay premio. No puedo prometerte que te cambiarán la vida, pero sí que verás el mundo de otra manera. En medio del barullo cotidiano, concédete un minuto y lee despacio. Serás dichoso, te irá bien.

PALOMA GARCÍA OVEJERO

Este es un libro de espiritualidad. Y muy profunda. No es un libro sobre redes sociales.

Su autor no usa móvil, ni tableta, ni ordenador. Y aun así es la persona con la mejor reputación en Internet y el «número uno» de los líderes mundiales con más millones de seguidores reales en Twitter.

Por desgracia, las redes sociales están excesivamente sobrecargadas de información banal, y resulta muy difícil separar la paja del grano. Los tuits de nuestro @Pontifex en los nueve principales idiomas —del español al árabe— son como pepitas de oro dispersas y escondidas entre montañas de arena.

Este libro los «pone a salvo», juntos, en un lugar seguro y permite meditarlos en silencio, sin las frecuentes distracciones del teléfono móvil o del ordenador.

Cada tuit del Papa es siempre una luz. Ordenados por temas, los 500 seleccionados forman poderosos reflectores para ver mejor a Jesucristo, examinar la vida personal y centrarse en lo esencial del cristianismo.

Francisco tiene puntos fuertes y débiles, que no esconde. Quizá su punto más fuerte es la espiritualidad desbordante de una persona que reza más de cuatro horas diarias.

Sus tuits «hablan» al alma y dan paz porque provienen de un corazón optimista y enamorado. Son profundos, pero, a la vez, sencillos. Lo que Pedro de Betsaida tuitearía de vivir hoy.

Son tuits entre dos mundos: el que se ve y el que no se ve; el de hoy y el de la eternidad.

Meditarlos ayuda a hablar con Dios Padre y a entrar en una familia sobrenatural: María de Nazaret, su esposo José, los ángeles custodios, los santos del cielo, los «santos de cada día» que uno encuentra al pasar..., llevándonos a mirar a nuestro alrededor con otros ojos.

Mejoran la sintonía con el Espíritu Santo y la paz interior. Son una verdadera medicina, siempre al alcance de la mano.

Ayudan a mantener la calma en las dificultades, a intentar amar a todas las personas, a enfadarse menos, a hacer el bien —en dosis pequeñas, pero frecuentes— y a vivir con alegría. Son píldoras para el alma.

JUAN VICENTE BOO

Alegría

Anunciando a todos el amor y la ternura de Jesús nos hacemos apóstoles de la alegría del Evangelio. ¡Y la alegría es contagiosa!

Un cristiano nunca puede ser aburrido o triste. Quien ama a Cristo es una persona llena de alegría, y que irradia alegría.

Si queremos seguir a Jesús de cerca, no podemos buscar una vida cómoda y tranquila. Será una vida comprometida, pero llena de alegría.

El cristianismo se extiende gracias a la alegría de discípulos que se sienten amados y salvados.

Este es el tiempo para nuevos mensajeros, más generosos, más alegres, más santos.

El signo concreto de que realmente hemos encontrado a Jesús es la alegría que sentimos al comunicarlo a los demás.

Todos estamos de viaje hacia la casa común del Cielo, donde podremos leer con alegre admiración el misterio del universo.

Alégrate porque tu vida esconde un germen de resurrección, una oferta de vida que espera despertar.

La presencia del Señor habita en las familias, con todos sus problemas, luchas y alegrías cotidianas.

Los hijos son un maravilloso don de Dios, una alegría para los padres.

Donde hay hombres y mujeres que han consagrado su vida a Dios, hay alegría.

En el corazón del cristiano siempre hay alegría, siempre: la alegría acogida como un don y custodiada para compartirla con todos.

Jesús nos llama a ser portadores de alegría y de consuelo, como testigos suyos misericordiosos.

La vida cristiana es un camino, pero no un camino triste, sino alegre.

Si Dios está presente en nuestras vidas, la alegría de llevar su Evangelio será nuestra fuerza y nuestro gozo.

Amor

No se puede medir el amor de Dios:
es infinito.

Cuando nos inunda el amor de Dios, la vida adquiere otro sabor.

El secreto de la vida cristiana es el amor. Solo el amor llena los vacíos, las profundidades negativas que el mal crea en los corazones.

Dios-Amor se anuncia amando.

El camino que lleva del amor al odio es fácil; el que lleva del odio al amor es más difícil, pero conduce a la paz.

Dios está enamorado de nosotros. Se hace pequeño para ayudarnos a responder a su amor.

Como el Buen Samaritano, no nos avergoncemos de tocar las heridas de los que sufren; más aún, tratemos de curarlas con obras concretas de amor.

Necesitamos recuperar el espíritu contemplativo para que el amor de Dios enardezca nuestros corazones.

Educar es un acto de amor, es como dar la vida.

El amor de Dios no es indiferenciado. Dios mira con cariño a cada uno, con nombre y apellidos.

Señor, enséñanos a salir de nosotros mismos. Enséñanos a ir a la calle y dar a conocer tu amor.

Si nuestro corazón y nuestros gestos están animados por el amor divino, nuestra comunicación será portadora de la fuerza de Dios.

¿Estamos enojados con alguien? Recemos por esa persona. Esto es amor cristiano.

Qué hermoso sería si cada noche pudiéramos decir: Hoy he realizado un gesto de amor hacia los demás.

El amor es, en el fondo, la única luz que ilumina constantemente a un mundo oscuro.

Dios nos ama. No tengamos miedo de amarlo. La fe se profesa con la boca y con el corazón, con la palabra y con el amor.

El corazón se endurece cuando no ama.
Señor, danos un corazón
que sepa amar.

Apóstoles

Jesús lava los pies a los Apóstoles. ¿Estamos dispuestos a servir también así a los demás?

No existe un cristianismo *low-cost*. Seguir a Jesús implica ir contracorriente, renunciar al mal y al egoísmo.

Estamos todos invitados a salir como misioneros para llevar el mensaje del amor de Dios a cada persona en todos los ambientes.

Jesús busca corazones abiertos y tiernos con los débiles, nunca duros; corazones dóciles y transparentes.

Cuando algo nos haga sufrir, escuchemos la voz del Señor en el corazón: «¡No tengas miedo, sigue adelante! ¡Yo estoy contigo!».

Qué hermoso es anunciar a todos el amor de Dios que nos salva y da sentido a nuestra vida.

Si el Evangelio arraiga profundamente en nuestras vidas, seremos capaces de llevarlo a los demás.

A veces sabemos lo que debemos hacer, pero nos falta el ánimo. Aprendamos de María a saber decidirnos, con la confianza puesta en Dios.

María es la mujer del «sí». María, ayúdanos a conocer cada vez mejor la voz de Jesús, y a seguirla.

La vida consagrada es un gran don de Dios: don de Dios a la Iglesia, don de Dios a su pueblo.

Cada vocación en la Iglesia tiene origen en la mirada compasiva de Jesús, que nos perdona y nos llama a seguirlo.

¡Queridos jóvenes, no tengan miedo de decir «sí» a Jesús con todo el corazón, de responderle con generosidad y de seguirlo!

En la Ascensión de Jesús está la promesa de nuestra participación en la vida junto a Dios. Llevémosla en el corazón por los caminos del mundo.

Invocamos la unidad de los cristianos porque invocamos a Cristo. Queremos vivir la unidad porque queremos seguir a Cristo y vivir su amor.

La familia cristiana es misionera: anuncia al mundo el amor de Dios.

Todos los bautizados somos discípulos misioneros, llamados a ser en el mundo Evangelio vivo.

Coherencia

No nos limitemos a decir que somos cristianos. Debemos vivir la fe, no solo con las palabras, sino también con obras.

Es necesario tener valor para ser fieles y coherentes con el Evangelio.

Para seguir fielmente a Jesús, pedimos la gracia de hacerlo no de palabra, sino con los hechos, y de llevar nuestra cruz con paciencia.

¿Rezamos de verdad? Sin una relación constante con Dios, es difícil llevar una vida cristiana auténtica y coherente.

Los fieles laicos están llamados a ser fermento de vida cristiana en la sociedad.

La corrupción es un cáncer que destruye la sociedad.

No critiquemos a los demás a sus espaldas,
digámosles abiertamente lo que pensamos.

Practicar la caridad es la mejor forma
de evangelizar.

No podemos ser cristianos a ratos.
Si Cristo constituye el centro de nuestra vida,
ha de estar presente en todo lo
que hacemos.

Que la gente vea en vuestra vida el Evangelio:
un amor generoso y fiel a Cristo
y a los hermanos.

Habrá que interpelar a los creyentes a ser
coherentes con su propia fe.

Recordemos siempre que nuestra fe
es concreta: ¡el Verbo se hizo carne,
no se hizo idea!

En la oscuridad de los conflictos que estamos atravesando, seamos velas encendidas que recuerdan que la luz prevalece sobre las tinieblas.

La presencia de Jesús se transmite con la vida, y habla el lenguaje del amor gratuito y concreto.

Tomémonos en serio nuestro ser cristianos, y comprometámonos a vivir como creyentes.

Lo que el Evangelio nos enseña tiene consecuencias en nuestra forma de pensar, sentir y vivir.

Confesión

En la Confesión encontramos el abrazo misericordioso del Padre. Su amor nos perdona siempre.

Cuando nuestro camino está marcado por la precariedad y las caídas, Dios, rico en misericordia, tiende su mano para levantarnos.

No temas acercarte al Sacramento de la Confesión; en él encontrarás a Jesús, que te perdona.

¡Con cuánto amor nos mira Jesús!
¡Con cuánto amor cura nuestro corazón pecador! Jamás se asusta de nuestros pecados.

Nada de cuanto un pecador arrepentido coloca delante de la misericordia de Dios queda sin el abrazo de su perdón.

Dios nos ama tal como somos,
y no hay pecado, defecto o error que le haga cambiar de idea.

En la Confesión, Jesús nos acepta con todos nuestros pecados para darnos un corazón nuevo, capaz de amar como él ama.

Señor, concédenos la gracia de las lágrimas, para llorar por nuestros pecados y recibir tu perdón.

A pesar de nuestros pecados, podemos repetir como Pedro: «Señor, tú lo sabes todo, tú sabes que te amo».

Jesús es el Buen Pastor. Nos busca y está cerca de nosotros aunque seamos pecadores, sobre todo porque somos pecadores.

A veces estamos tristes a causa de nuestros pecados. No nos desanimemos: Cristo ha venido a liberarnos. Él es nuestra paz.

Todos somos pecadores, pero vivamos la alegría del perdón de Dios y tengamos confianza en su misericordia.

Todos somos pecadores, pero pidamos al Señor no ser hipócritas. Los hipócritas no saben lo que es el perdón, la alegría, el amor de Dios.

La Confesión es el sacramento de la ternura de Dios, su forma de acogernos.

¡El perdón de Dios es más fuerte que cualquier pecado!

Creación

Decir «Creación» es más que decir «naturaleza», porque tiene que ver con un proyecto del amor de Dios.

Caminemos juntos, cuidando el uno del otro y también de la Creación, nuestra casa común.

Hoy es la Jornada mundial de oración por el cuidado de la Creación. Recemos y trabajemos.

Cuiden la Creación. Pero, sobre todo, cuiden a las personas que no tienen lo necesario para vivir.

El cuidado de la Creación no es solo un mandato divino al principio de la Historia; es también para nosotros, es parte del proyecto de Dios.

«Un crimen contra la naturaleza es un crimen contra nosotros mismos y un pecado contra Dios».

(PATRIARCA BARTOLOMÉ)

Un verdadero planteamiento ecológico debe integrar medio ambiente y justicia, escuchando el clamor de la tierra y el grito de los pobres.

El cambio climático supone uno de los principales desafíos actuales para la humanidad; para afrontarlo se requiere la solidaridad de todos.

Dios nos ha dado la tierra para cultivarla y guardarla con respeto y equilibrio.

Entre los pobres más maltratados está nuestra tierra. No podemos hacernos los sordos ante la mayor crisis ambiental de la Historia.

La tierra, nuestra casa, parece convertirse cada vez más en un inmenso depósito de porquería.

La cuestión ecológica es vital para la supervivencia del hombre y tiene una dimensión moral que atañe a todos.

La preocupación por la ecología es siempre, también, una preocupación social. Escuchemos el grito de la tierra, pero también el de los pobres.

Señor, sana nuestras vidas para que protejamos el mundo y no lo depredemos, para que sembremos belleza y no contaminación y destrucción.

Si el mal es contagioso, lo es también el bien. ¡Dejémonos contagiar por el bien y contagiemos el bien!

Somos custodios, no dueños de esta tierra,
y cada uno tiene una responsabilidad
personal en la custodia de la creación,
don precioso de Dios.

Cruz

La Cruz de Jesús es la Palabra con la que Dios ha respondido al mal del mundo.

Hay silencios de Dios que solo se pueden entender mirando a Cristo en la Cruz.

La Cruz de Cristo no es una derrota: la Cruz es amor y misericordia.

Cristo en la Cruz nos enseña a amar, también a los que no nos aman.

El misterio de la Cruz, misterio de amor, solo se puede comprender en la oración. Recen y lloren de rodillas ante la Cruz.

No hay en nuestra vida cruz, pequeña o grande, que el Señor no comparta con nosotros.

Ser cristiano implica renunciar a nosotros mismos, tomar la Cruz y llevarla con Jesús. No hay otro camino.

Oremos por los cristianos perseguidos, a menudo con el silencio vergonzoso de muchos.

Oh, Cruz de Cristo, enséñanos que la aurora del sol es más fuerte que la oscuridad de la noche, y que el amor eterno de Dios vence siempre.

Tratemos de estar siempre unidos a Jesús, sobre todo siguiéndolo por el camino de la Cruz.

El amor de Cristo y su amistad no son una ilusión. Jesús en la Cruz nos ha mostrado hasta qué punto son reales.

Si Cristo ha resucitado, podemos mirar con ojos y corazón nuevos todos los eventos de nuestra vida, también los más negativos.

A María confío las angustias y dolores de las poblaciones que en tantas partes del mundo son víctimas inocentes de conflictos.

Señor Jesús, extiende la sombra de tu Cruz sobre los pueblos en guerra: que aprendan el camino de la reconciliación, el diálogo y el perdón.

¡En la Cruz podemos tocar y dejarnos tocar de la misma misericordia de Dios!

¡Oh, Cruz de Cristo, suscita en nosotros
el deseo de Dios, del Bien y de la Luz!

Dios Padre

Ser hijos de Dios y hermanos entre nosotros: este es el corazón de la experiencia cristiana.

Dios nos ama. Descubramos la belleza de amar y de ser amados.

Dios cuenta contigo por lo que eres, no por lo que tienes. A sus ojos, vales, y lo que vales no tiene precio.

Si nos comportamos como hijos de Dios, sintiéndonos amados por Él, nuestra vida será nueva, colmada de serenidad y gozo.

Nuestra primera llamada es aprender a decir «Padre nuestro»: Padre nuestro, no nos dejes caer en la tentación de la resignación.

Dios sabe mejor que nosotros lo que necesitamos; hemos de fiarnos de Él, porque sus caminos son muy diferentes de los nuestros.

Si quieres encontrar a Dios, búscalo donde Él está escondido: en los necesitados, en los enfermos, en los hambrientos, en los encarcelados.

La fiesta de la Santísima Trinidad nos renueva la misión de vivir la comunión con Dios y entre nosotros según el modelo de la comunión divina.

¡Cuánto ruido hay en el mundo! Aprendamos a estar en silencio en nuestro interior y ante Dios.

Ser amigos de Dios significa orar con sencillez, como un niño le habla a su padre.

Cuando no se adora a Dios, se adoran otras cosas. Dinero y poder son ídolos que a menudo ocupan el puesto de Dios.

Vivimos en una sociedad que pretende dejar de lado a Dios; y esto, día tras día, narcotiza el corazón.

Es fácil recurrir a Dios para pedirle, todos lo hacemos. ¿Cuándo aprenderemos también a darle gracias y adorarle?

¿Damos gracias a Dios cada día?

Adorar a Dios es aprender a estar con Él, ponerlo en el centro de la vida y despojarnos de nuestros ídolos escondidos.

Nuestra vida no es vagar sin rumbo. Tenemos una meta segura: la casa del Padre.

Esperanza

La esperanza abre nuevos horizontes, nos hace capaces de soñar aquello que no es ni siquiera imaginable.

«No temas, porque yo estoy contigo». ¡Comuniquemos esperanza y confianza en nuestro tiempo!

Es muy necesario alimentar la esperanza cristiana, esa esperanza que da una mirada nueva, capaz de descubrir y ver el bien.

La esperanza abre al creyente a las sorpresas de Dios.

Imitemos la actitud de Jesús hacia los enfermos: Él cuida a todos, comparte sus sufrimientos y abre el corazón a la esperanza.

El mundo tiene necesidad del valor, de la esperanza, de la fe y de la perseverancia de los discípulos de Cristo.

Caminemos cantando. Que nuestras luchas y nuestra preocupación por este planeta no nos quiten el gozo de la esperanza.

Donde haya odio y oscuridad, pongamos un poco de amor y de esperanza, para darle un rostro más humano a la sociedad.

La humanidad necesita ver gestos de paz y oír palabras de esperanza y de paz.

La esperanza es la virtud del corazón que no se cierra en la oscuridad, no se detiene en el pasado, sino que sabe ver el mañana.

María nos enseña a esperar en Dios incluso cuando nada parece tener sentido, incluso cuando parece que Él está escondido.

Dios hace crecer sus flores más hermosas en medio de las piedras más áridas.

Nuestra esperanza es el Señor Jesús, que reconocemos vivo y presente en nosotros y en nuestros hermanos.

Dios es más grande que la muerte, y basta solo una vela encendida para vencer la más oscura de las noches.

Nunca nos dejemos arrastrar por la vorágine del pesimismo. La fe mueve montañas.

Espíritu Santo

¡Ven, Espíritu Santo! Líbrame de la cerrazón mental e infunde en mí la alegría de anunciar el Evangelio.

¡Si aprendemos a leer todo con la luz del Espíritu Santo, nos daremos cuenta de que todo es Gracia!

El Espíritu Santo transforma y renueva, crea armonía y unidad, da fuerza y gozo para la misión.

El Espíritu Santo nos empuja a buscar con valor caminos nuevos para anunciar el Evangelio.

Invoquemos todos los días al Espíritu Santo. Es Él quien nos guía por el camino de los discípulos de Cristo.

El Espíritu Santo nos hace ver de modo nuevo a los demás, como hermanos y hermanas en Jesús, a los que hemos de respetar y amar.

El don precioso que el Espíritu Santo trae a nuestro corazón es la confianza profunda en el amor y en la misericordia de Dios.

Dejémonos guiar con docilidad por el Espíritu Santo para no equivocarnos de camino y no caer en la cerrazón del corazón.

El Espíritu Santo verdaderamente nos transforma y cuenta con nosotros para transformar el mundo en que vivimos.

No resistamos al Espíritu Santo, seamos dóciles a su acción que nos renueva a nosotros, a la Iglesia y al mundo.

Pidamos al Espíritu Santo la gracia de tomar decisiones concretas en nuestra vida de acuerdo a la lógica de Jesús y de su Evangelio.

La alegría cristiana proviene del Espíritu Santo, que nos da la verdadera libertad y el don de llevar a Jesús a los hermanos.

¡Ven, Espíritu Santo! Ayúdanos a superar nuestro egoísmo.

Eucaristía

En el sacramento de la Eucaristía encontramos a Dios, que se da a sí mismo.

Para que Jesús sea el centro de nuestra vida, es necesario ponernos en su presencia ante el Sagrario.

Recibiendo la Eucaristía nos nutrimos del Cuerpo y la Sangre de Jesús, pero, viniendo a nosotros, ¡es Jesús que nos une a su Cuerpo!

Los sacramentos, especialmente la Penitencia y la Eucaristía, son momentos privilegiados para el encuentro con Cristo.

Cada encuentro con Jesús nos colma de alegría, aquella alegría profunda que solo Dios nos puede dar.

Nos viene bien estar un rato ante el Sagrario, para sentir sobre nosotros la mirada de Jesús.

Para conocer al Señor es necesario cultivar el trato con Él: escucharlo en silencio ante el Sagrario, acercarse a los Sacramentos.

Jesús se da a nosotros en la Eucaristía, se ofrece a sí mismo como alimento espiritual que sostiene nuestra vida.

El domingo es el día del Señor: reservemos un tiempo para estar con Él.

La fuerza espiritual de los sacramentos es inmensa. Con la Gracia podemos superar cualquier obstáculo.

Con su venida entre nosotros, Jesús es cercano, nos ha tocado y, a través de los sacramentos, también hoy nos toca.

Para nosotros, la Eucaristía es algo esencial: en ella Cristo quiere entrar en nuestra vida y llenarla con su Gracia.

Los sacramentos son la presencia de Jesucristo en nosotros. Por eso es importante confesarse y comulgar.

En los sacramentos encontramos fuerza para pensar y obrar según el Evangelio.

Familia

La fuerza de la familia reside esencialmente en su capacidad de amar y enseñar a amar.

La familia es el primer lugar donde se aprende a escuchar, a compartir, a soportar, a respetar, a ayudar.

Sagrada Familia de Nazaret, haced que todos tomen conciencia del carácter sagrado de la familia, de su belleza en el proyecto de Dios.

Es importante que el niño se sienta querido: no es un complemento o una solución para una inquietud personal.

Las personas con discapacidad son para la familia un don y una oportunidad para crecer en el amor, en la ayuda recíproca y en la unidad.

La familia es el lugar donde los padres se convierten en los primeros maestros de la fe para sus hijos.

Prefiero una familia con rostro cansado por la entrega a rostros maquillados que no han sabido de ternura y compasión.

Todos los cristianos estamos llamados a imitar al Buen Pastor y ocuparnos de las familias heridas.

Las personas divorciadas que viven en nueva unión son parte de la Iglesia, no están excomulgadas.

La familia es el tesoro más grande de un país. Esforcémonos todos en proteger y afianzar esta piedra angular de la sociedad.

La familia es un bien del cual la sociedad no puede prescindir, y necesita ser protegida.

¡Qué importante es aprender a escuchar! El diálogo entre esposos es esencial para que una familia viva en paz.

La familia es un elemento esencial de todo desarrollo humano y social sostenible.

Padres, ¿saben «perder el tiempo» con sus hijos? Es una de las cosas más importantes que pueden hacer todos los días.

¡Qué importantes son los abuelos en la vida de la familia para comunicar el patrimonio de la humanidad y de la fe esencial para toda la sociedad!

Todos los matrimonios pasan por momentos difíciles, pero estos encuentros con la Cruz nos fortalecen para recorrer el camino del amor.

¡Cuántas mamás vierten lágrimas, como santa Mónica, para que sus hijos regresen a Cristo! ¡No pierdan la esperanza en la gracia de Dios!

Doy gracias a Dios por los padres que tratan de vivir en el amor y siguen adelante aunque caigan muchas veces a lo largo del camino.

Saber perdonar y sentirse perdonados es una experiencia fundamental en la vida familiar.

Deseo que cada familia redescubra la oración doméstica: esto también ayuda a comprenderse y perdonar.

Practiquemos el cuarto mandamiento visitando con cariño a nuestros padres ancianos.

Fe

Que la certeza de la fe sea el motor
de nuestra vida.

Amar y perdonar son el signo concreto
y visible de que la fe ha transformado nuestro
corazón.

Mantengamos viva nuestra fe con la oración
y los sacramentos. Atención: no
nos olvidemos de Dios.

Recordamos hoy al Beato Charles de Foucauld, que decía: «La fe es ver a Jesús en cada ser humano».

Es una alegría rezar con los hermanos luteranos. Dios bendiga a quienes trabajan por el diálogo y la unidad de los cristianos.

Me gusta repetir que la unidad de los cristianos se realiza caminando juntos, con el encuentro, la oración y el anuncio del Evangelio.

Recordamos a los numerosos hermanos y hermanas cristianos que sufren persecuciones a causa de su fe. Estamos unidos a ellos.

El diálogo ecuménico e interreligioso no es un lujo, sino algo que el mundo, herido por conflictos y divisiones, necesita cada día más.

Me siento feliz de haber visitado Armenia, el primer país que abrazó la fe cristiana, y doy las gracias a todos por la cálida acogida.

Oremos juntos por nuestros hermanos cristianos coptos de Egipto que han sido asesinados porque no han querido renegar de la fe.

La paz que brota de la fe es un don: es la gracia de experimentar que Dios nos ama y que está siempre a nuestro lado.

Aunque somos hombres de poca fe, el Señor nos salva. ¡Esperemos siempre en el Señor!

Imprime en nuestro corazón, Señor,
sentimientos de fe, esperanza, caridad,
de dolor por nuestros pecados.

Aprendamos a vivir la solidaridad.
Sin solidaridad, nuestra fe
está muerta.

Tener fe no quiere decir que no tengamos
dificultades en la vida, sino que somos
capaces de afrontarlas sabiendo
que no estamos solos.

La fe no es un don privado. La fe es para compartirla con alegría.

El amor es la medida de la fe.

Humanidad

Dios desea que todos los hombres se reconozcan hermanos y vivan como tales, formando la gran familia humana en la armonía de la diversidad.

Cada uno puede ser un puente entre diferentes culturas y religiones, una vía para redescubrir nuestra común humanidad.

Los invito a no crear muros sino puentes, a vencer el mal con el bien, la ofensa con el perdón, a vivir en paz con todos.

Los refugiados no son números, sino personas con rostros, nombres e historias, y deben ser tratados como tales.

El mundo es testigo de un movimiento migratorio sin precedentes. Agradezco a Uganda su generosidad en acoger a los refugiados.

El encuentro personal con los refugiados disipa miedos e ideologías distorsionadas, y ayuda a crecer en humanidad.

Pidamos un corazón que acoja a los inmigrantes. Dios nos juzgará según hayamos tratado a los más necesitados.

¡Cuántas veces en la Biblia el Señor nos pide que acojamos a migrantes y forasteros, recordándonos que también nosotros somos forasteros!

La interdependencia nos obliga a pensar en un solo mundo, en un proyecto común.

Nadie es extranjero en la comunidad cristiana.

Que la Sagrada Familia vele sobre todos los migrantes menores de edad, y acompañe en su camino a los más vulnerables y sin voz.

Deseo expresar mi solidaridad con los migrantes y doy las gracias a todos los que los ayudan. ¡Acoger al otro es acoger a Dios en persona!

Estamos llamados a caminar juntos con la convicción de que el futuro de todos depende también del encuentro entre religiones y culturas.

Que la caridad y la no violencia guíen el modo en que nos tratamos los unos a los otros.

Estamos llamados a vivir no los unos sin los otros, por encima o contra los demás, sino los unos con los otros, por los otros y en los otros.

No olvidemos nunca que el medio ambiente es un bien colectivo, patrimonio de toda la humanidad y responsabilidad de todos.

La Iglesia está llamada a caminar con Jesús por los caminos del mundo, para encontrar la humanidad de hoy.

Humildad

Dios prefiere a los humildes. Cuando vivimos con humildad, Él transforma nuestros pequeños esfuerzos y hace cosas grandes.

A Dios no se le conoce con elevados pensamientos y muchos estudios, sino con la pequeñez de un corazón humilde y confiado.

Ayunar con un corazón orgulloso hace más mal que bien. El primer ayuno es la humildad.

Contemplemos la humildad del Hijo de Dios, que ha nacido pobre. Imitémosle compartiendo con los más débiles.

Que el Espíritu Santo nos ayude a ser pacientes para soportar, humildes y simples para aconsejar.

Recemos hoy juntos por Su Santidad Benedicto XVI, un hombre valiente y humilde.

Aprendamos a ser amables, a tratar bien a todos, incluso a aquellos que no nos corresponden.

La humildad salva al hombre; la soberbia le hace errar el camino.

La humildad nos ayuda a sobrellevarnos mutuamente.

¿Qué significa evangelizar? Dar testimonio con alegría y sencillez de lo que somos y creemos.

La lógica mundana nos empuja hacia el éxito, el dominio, el dinero; la lógica de Dios, hacia la humildad, el servicio y el amor.

Que nuestra actitud sea siempre pacífica y humilde, atenta al cuidado de los pobres.

Es bello saber que el Señor se hace cargo de nuestras debilidades, nos pone en pie con paciencia y nos da la fuerza para recomenzar.

Cada época tiende a desarrollar una escasa autoconciencia de sus propios límites.

Aprendamos de la Virgen María a tener un corazón humilde y capaz de acoger los dones de Dios.

Iglesia

Jesús confió a Pedro las llaves para que abriera la entrada del Reino de los cielos, no para que la cerrase.

La Iglesia no crece mediante el proselitismo, sino por atracción.

La Iglesia resplandece cuando es misionera, acogedora, libre, fiel, pobre de medios y rica de amor.

Hoy es la fiesta del apóstol Andrés: envío mi afecto fraterno al patriarca Bartolomé y rezo por él y la Iglesia que le ha sido confiada.

Recordemos con gratitud a las personas consagradas que rezan por la Iglesia y por el mundo en los monasterios de clausura.

Hoy es el cumpleaños de Benedicto XVI: recemos por él y demos gracias a Dios por haberlo donado a la Iglesia y al mundo.

La Iglesia hace suyo el comportamiento del Hijo de Dios que sale al encuentro de todos, sin excluir a nadie.

El camino de la Iglesia es el de no condenar a nadie para siempre, es difundir la misericordia de Dios a quienes la piden sinceramente.

Comprender, perdonar, acompañar, esperar, integrar. Esa es la lógica que debe predominar en la Iglesia.

Cuanto más grande es el pecado, mayor debe ser el amor que la Iglesia expresa hacia quienes se convierten.

Es mejor una Iglesia herida, pero que hace camino, que una Iglesia enferma porque se cierra en sí misma.

Pidamos para que la Iglesia sea cada vez más santa y humilde, y sepa amar a Dios sirviendo a los pobres, a las personas solas y enfermas.

No se puede concebir una Iglesia sin alegría. Esta es la alegría de la Iglesia: anunciar a todos el nombre de Jesús.

La Iglesia es misionera. Cristo nos envía a llevar la alegría del Evangelio a todo el mundo.

La Iglesia no tiene otra razón de ser ni otra finalidad que dar testimonio de Jesús. No lo olvidemos.

Que la Iglesia sea siempre lugar de misericordia y esperanza, donde cada uno se sienta acogido, amado y perdonado.

Acompañad a vuestros sacerdotes con el afecto y la oración, para que sean siempre pastores según el corazón de Dios.

Jesús

Jesús es el amigo fiel que nunca nos abandona; incluso cuando pecamos, espera con paciencia que regresemos a Él.

Jesús nos amó. Jesús nos ama. Sin límites, siempre, hasta el extremo.

Entablemos una profunda amistad con Jesús: así podremos seguirlo de cerca y vivir con Él y para Él.

Señor Jesús, que seamos capaces de amar como Tú.

Nuestra vida debe centrarse en lo esencial: en Jesucristo. Todo lo demás es secundario.

El amor de Dios no es algo abstracto o genérico; el amor de Dios tiene nombre y rostro: Jesucristo.

Dejemos entrar a Jesús en nuestra vida,
saliendo de nuestros egoísmos, indiferencias
y aislamientos.

Dejemos que nuestra vida se identifique
con la de Jesús para tener sus sentimientos
y sus pensamientos.

Jesús no es solo un amigo. Es un maestro
de verdad y de vida que nos revela
el camino de la felicidad.

Cada uno de nosotros guarda en el corazón
el anhelo del amor, la belleza, la vida...
Y Jesús es todo esto en plenitud.

El cristiano no es testigo de una teoría, sino
de una Persona: Cristo resucitado, que está
vivo y es el único Salvador de todos.

No dejemos que las falsas sabidurías de este
mundo nos desvíen; sigamos a Jesús como
única guía segura que da sentido
a nuestra vida.

Cuando hemos tocado el fondo de nuestra miseria y de nuestra debilidad, Cristo resucitado nos da la fuerza para volvernos a levantar.

Jesús nos pide que se le mire, que se le reconozca y que se le ame.

Dejémonos provocar por las palabras y los gestos de Jesús; recibamos de Él una vida plenamente humana, dichosa de gastarse amando.

El encuentro con Cristo es capaz
de transformar completamente nuestra vida.

Jóvenes

Queridos jóvenes, sus nombres están escritos en el Cielo, en el corazón misericordioso del Padre. ¡Sean valientes, vayan contracorriente!

Un corazón joven no soporta la injusticia y no puede doblegarse a la cultura del descarte, ni ceder a la globalización de la indiferencia.

Queridos jóvenes, ¡ofrezcamos al mundo un mosaico de numerosas culturas, razas, y pueblos unidos en el Nombre de Jesús!

El futuro de un pueblo supone necesariamente el encuentro entre los jóvenes y los ancianos.

Queridos jóvenes, no tengan miedo de dar todo. Cristo nunca defrauda.

Queridos jóvenes, no tengan miedo del matrimonio: Cristo acompaña con su Gracia a los esposos que permanecen unidos a Él.

Queridos jóvenes, Jesús quiere ser su amigo; y quiere que ustedes transmitan por doquier la alegría de esta amistad.

Queridos jóvenes, les invito a poner sus talentos al servicio del Evangelio, con creatividad y con una caridad sin fronteras.

Queridos jóvenes, Jesús nos da vida, vida en abundancia. Con Él siempre tendremos alegría en el corazón y una sonrisa en los labios.

Queridos jóvenes, no se conformen con una vida mediocre. Déjense seducir por lo que es verdadero y bueno, por Dios.

Queridos jóvenes, ustedes tienen muchos proyectos y sueños para el futuro. ¿Ponen a Cristo en el centro de sus proyectos y de sus sueños?

Queridos jóvenes, vale la pena apostar por Cristo y por su Evangelio, arriesgar todo por los grandes ideales.

San José, pide al Señor para los jóvenes la capacidad de soñar, de arriesgar por las cosas grandes que Dios sueña para nosotros.

Queridos jóvenes, no enterréis vuestros talentos, los dones que Dios os ha regalado. No tengáis miedo de soñar cosas grandes.

María

María, nuestra Madre, es toda belleza porque está llena de gracia.

La Virgen María está siempre a nuestro lado, sobre todo cuando sentimos el peso de la vida con todos sus problemas.

Jesús es el sol, María es la aurora que anuncia su nacimiento.

Que san José, esposo de María y patrono de la Iglesia Universal, os bendiga y os custodie. ¡Y muchas felicidades a los papás!

Deseo animarles a contemplar en Santa María, Salud de los enfermos, la garante de la ternura de Dios por todo ser humano.

Mirarte simplemente, Madre; dejar abierta solo la mirada; mirarte toda sin decirte nada; decirte todo, mudo y reverente.

Os encomiendo a la atención materna de nuestra Madre, que vive en la gloria de Dios y acompaña siempre nuestro camino.

María es la llena de gracia. Nos ofrece un refugio seguro en el momento de la tentación.

Es necesario aprender de la Virgen María, imitando la total disponibilidad con la que recibió a Cristo en su vida.

María, Madre Dolorosa, ayúdanos
a descubrir la voluntad de Dios en los
momentos de mayor sufrimiento.

El mes de mayo, dedicado a la Virgen María,
es un momento oportuno para comenzar
a rezar el Rosario todos los días.

María, Madre nuestra, ampáranos en los
momentos de oscuridad, de dificultad
y de aparente derrota.

Pidamos a María que nos ayude a tener fija la mirada en Jesús, a seguirlo siempre, aunque sea exigente.

María es la mujer del sí, un sí de entrega a Dios, un sí de entrega a sus hermanos. Sigámosla en su entrega.

Aprendamos de la fe recia y servicial de nuestra Madre María a fin de que lleguemos a ser signos vivos de la misericordia de Dios.

La presencia materna de María nos recuerda que Dios nunca se cansa de inclinarse con misericordia sobre la humanidad.

Misericordia

«Misericordia quiero y no sacrificio».

Leamos el Evangelio un poco todos los días. Así aprenderemos a vivir lo esencial: el amor y la misericordia.

Jesús nos muestra que el poder de Dios no es destrucción, sino amor; la justicia de Dios no es venganza, sino misericordia.

No basta con experimentar la misericordia de Dios en la propia vida; también es necesario ser instrumento de misericordia para los demás.

Todos podemos contribuir a dar vida a una cultura de la misericordia, en la que nadie mire al otro con indiferencia.

Es el momento de dejar paso a la fantasía de la misericordia para dar vida a tantas iniciativas nuevas, fruto de la gracia.

La misericordia no es «buenismo», ni mero sentimentalismo. Es la verificación de la autenticidad de nuestro ser discípulos de Jesús.

Abandonemos el lenguaje de la condena para abrazar el lenguaje de la misericordia.

En un mundo dividido, comunicar con misericordia significa contribuir a la cercanía entre los hijos de Dios.

Nosotros, los cristianos, estamos llamados a salir de nuestros «muros» para llevar a todos la misericordia y la ternura de Dios.

Solo quien se hace pequeño ante el Señor puede experimentar la grandeza de su misericordia.

¡Abre tu corazón a la misericordia! La misericordia divina es más fuerte que el pecado.

La misericordia de Dios es eterna;
no termina, no se agota, no se rinde ante
la cerrazón y no se cansa jamás.

La misericordia suscita alegría porque
el corazón se abre a la esperanza
de una vida nueva.

La misericordia de Dios para con nosotros
está ligada a nuestra misericordia hacia
el prójimo.

Si cada uno de nosotros hace una obra de misericordia al día, se producirá una revolución en el mundo.

Oración

La oración es la llave que abre el corazón misericordioso de Dios.

La oración es potente, la oración vence el mal, la oración trae la paz.

Nuestra oración no se puede reducir a una hora el domingo; es importante tener una relación cotidiana con el Señor.

Les pido por favor que, en la oración, se acuerden de mí y de mis colaboradores; hasta el viernes haremos los Ejercicios Espirituales.

No nos olvidemos nunca de rezar los unos por los otros. La oración es nuestra mayor fuerza.

El Rosario es la oración que acompaña siempre mi vida; también es la oración de los sencillos y de los santos..., es la oración de mi corazón.

No abandonemos nunca la oración, tampoco cuando nos parece inútil rezar.

La vida cristiana no se limita a la oración,
pero requiere un compromiso diario
y valiente que surge de la oración.

Los milagros existen, pero es necesario
rezar. Con una oración ferviente, insistente,
perseverante, no una oración para cumplir.

Sería hermoso, en este mes de mayo, recitar
juntos, en familia, el Santo Rosario. La oración
fortalece la vida familiar.

Queridos padres, enseñen a rezar a sus hijos.
Recen con ellos.

Cada día rezo por quienes sufren en Irak.
Recen conmigo.

Recemos por los cristianos que son perseguidos
para que sepan vencer el mal con el bien.

Nada es imposible si nos dirigimos a Dios
mediante la oración.

Rezad por mí.

Palabra

La Palabra de Dios es una fuerza viva, capaz de suscitar la conversión en el corazón de los hombres.

Que el Espíritu Santo nos guíe para recorrer un verdadero camino de conversión, para redescubrir el don de la Palabra de Dios.

Jesús te habla cada día. Que su Evangelio sea tuyo, y se convierta en tu «navegador» en el camino de la vida.

La Palabra de Dios nos ayuda a abrir los ojos para acoger la vida y amarla, especialmente cuando es débil.

Una fe fuerte y saludable se alimenta constantemente de la Palabra de Dios.

El Señor nos habla mediante la Sagrada Escritura en la oración. Aprendamos a permanecer en silencio ante Él, a meditar el Evangelio.

En el Evangelio podemos escuchar cada día a Jesús que nos habla: llevemos siempre con nosotros un pequeño Evangelio.

Las vacaciones son un tiempo para descansar, pero también para regenerarse en el espíritu, especialmente leyendo con calma el Evangelio.

La lectura diaria del Evangelio nos ayuda a superar nuestro egoísmo y a seguir con decisión a Jesús, el Maestro.

Quien escucha atentamente la Palabra de Dios y reza de verdad siempre pregunta al Señor: «¿Qué quieres de mí?».

Jesús no nos ha salvado con una idea.
Se ha rebajado y se ha hecho hombre.
La Palabra se hizo carne.

Pidamos juntos el don de la comprensión
de la Palabra de Dios.

Si tuviéramos siempre la Palabra de Dios
en el corazón, ninguna tentación podría
alejarnos de Él.

La Palabra de Dios puede hacer resucitar
un corazón vacío.

Paz

La paz es una «virtud activa» que requiere el compromiso y la cooperación de cada persona y de todo el cuerpo social en su conjunto.

Cada uno de nosotros, como miembro vivo del Cuerpo de Cristo, está llamado a promover la unidad y la paz.

Ser hoy verdaderos discípulos de Jesús significa también aceptar su propuesta de no violencia.

Que la no violencia se transforme en el estilo característico de nuestras decisiones, de nuestras relaciones, de nuestras acciones.

Señor, Dios de paz, escucha nuestra súplica y concédenos la paz en Tierra Santa. *¡Shalom, salaam,* paz!

Corremos el riesgo de ignorar el sufrimiento que no está cerca de nosotros. Reaccionemos y pidamos por la paz en Siria.

Condeno con especial firmeza el uso
de las armas químicas.

No nos resignemos a un Oriente Medio sin
cristianos. Recemos todos los días por la paz.

¡Cuánto sufrimiento, cuánta destrucción,
cuánto dolor ha ocasionado y ocasiona el uso
de las armas!

Hoy es la Jornada mundial contra las minas antipersona. ¡Renovemos, por favor, el compromiso por un mundo sin minas!

La guerra es madre de toda pobreza, una gran depredadora de vidas y almas.

Las guerras destrozan muchas vidas. Pienso especialmente en los niños a los que les han robado su infancia.

La dignidad de los niños debe ser respetada: pidamos que sea eliminada la esclavitud de los niños-soldado en todo el mundo.

Promovamos la amistad y el respeto entre hombres y mujeres de diferentes tradiciones religiosas para construir un mundo en paz.

El camino privilegiado hacia la paz es reconocer en el otro no un enemigo que hay que combatir, sino un hermano que debemos acoger.

La paz debe construirse sobre la justicia, el desarrollo humano integral, el respeto de los derechos humanos, la custodia de la Creación.

Jesús, que ha vencido las tinieblas del pecado
y de la muerte, dé paz a nuestros días.

Pidamos por la paz: paz en el mundo
y en todos los corazones.

Perdonar

El Señor no se cansa nunca de perdonarnos.
Somos nosotros los que nos cansamos
de pedir perdón.

Nos resulta difícil perdonar a los otros.
Señor, concédenos tu misericordia para
ser capaces de perdonar siempre.

No tengan miedo de pedir perdón a Dios.
Él no se cansa nunca de perdonar. Dios es
todo misericordia.

Queridos padres y madres, hay que tener
mucha paciencia y perdonar de corazón.

¿Soy portador de reconciliación y de amor, según el Evangelio, en los ambientes donde vivo y trabajo?

El perdón es la esencia del amor, que sabe comprender el error y poner remedio.

En la sociedad actual, donde el perdón es tan raro, la misericordia es cada vez más importante.

Invito a todos a una comunicación constructiva que rechace los prejuicios hacia el otro y transmita esperanza y confianza en nuestro tiempo.

El perdón es el signo más visible del amor del Padre que Jesús ha querido revelar a lo largo de toda su vida.

Vivir el Evangelio es luchar contra el egoísmo. El Evangelio es perdón y paz; es el amor que viene de Dios.

El perdón de la Iglesia ha de tener la misma amplitud que el de Jesús en la Cruz, y el de María a sus pies.

Amar y perdonar como Dios ama y perdona. Este es un programa de vida que no puede conocer interrupciones o excepciones.

Para vivir felices es necesario dejar el rencor, la rabia, la violencia y la venganza.

Todos nos equivocamos en la vida. Reconozcamos nuestros errores y pidamos perdón.

Santidad

Los santos han descubierto el secreto de la verdadera felicidad, que reside en el fondo del alma y tiene su fuente en el amor de Dios.

Santidad es vivir con amor y ofrecer un testimonio cristiano en las situaciones cotidianas.

Los santos no son superhombres ni nacieron perfectos. Cuando conocieron el amor de Dios, le siguieron al servicio de los demás.

Los santos son personas que pertenecen totalmente a Dios. No tienen miedo a ser despreciados, incomprendidos o marginados.

La santidad no consiste en hacer cosas extraordinarias, sino en hacer las ordinarias con amor y con fe.

Jesús enseña a ir siempre a lo esencial y a asumir con responsabilidad la propia misión.

En la vida cristiana son esenciales la oración, la humildad, el amor a todos. Este es el camino hacia la santidad.

Hoy Santa Teresa de Ávila nos invita a rezar más para estar más cerca de Dios y vivir una vida mejor.

Llevemos en el corazón la sonrisa de Madre Teresa y entreguémosla a todos los que encontremos en nuestro camino.

Comportémonos como pide nuestra vocación cristiana.

No nos contentemos con una vida cristiana mediocre. Caminen con decisión hacia la santidad.

Como cristianos, no podemos cerrarnos en nosotros mismos, sino estar siempre abiertos a los demás, para los demás.

Ser santos no es privilegio de unos pocos, sino una vocación para todos.

La Iglesia necesita santos de todos los días: los de la vida ordinaria llevada adelante con coherencia.

¡Avancemos con valentía por el camino hacia la santidad!

Servicio

Cristo nos guía a salir cada vez más de nosotros mismos, para entregarnos y servir a los demás.

El verdadero poder es el servicio. El Papa ha de servir a todos, especialmente a los más pobres, los más débiles, los más pequeños.

[19/03/2013. MISA DE INAUGURACIÓN DEL PONTIFICADO]

Jesús viene a salvarnos, y estamos llamados a elegir su vía: la vía del servicio, del don, del olvido de sí mismo.

Aprendamos a «perder» la vida por Cristo, según la lógica del don, del sacrificio. Con Cristo no perdemos nada.

Intentemos mantener siempre alto el «tono» de nuestra vida, recordando por qué inmenso premio existimos, trabajamos, luchamos y sufrimos.

Queridos jóvenes, el Señor os invita de nuevo a que seáis protagonistas en el servicio.

Os animo a dar testimonio con vuestro estilo de vida personal y asociativo: testimonio de gratuidad, de solidaridad, de espíritu de servicio.

El hogar debe ser el lugar donde se enseña a apreciar la hermosura de la fe, a rezar y a servir al prójimo.

Como cristianos, miembros de la familia de Dios, estamos llamados a salir al encuentro de los necesitados y servirlos.

Tratemos de seguir las huellas de Cristo concretamente, dedicándonos a los hermanos y hermanas necesitados.

A veces nos encerramos en nosotros mismos... Señor, ayúdanos a salir al encuentro de los demás, a servir a los más débiles.

Estemos cerca de los hermanos y hermanas
que viven la experiencia de la enfermedad,
y también de sus familias.

En un mundo afectado por el virus
de la indiferencia, las obras de misericordia
son el mejor antídoto.

Servir es el estilo con el cual vivir la misión,
el único modo de ser discípulo de Jesús.

Sobriedad

Un estilo de vida sobrio nos hace bien y nos ayuda a compartir lo que tenemos con quien pasa necesidad.

El Señor lo ha dicho claramente: no se puede servir a dos amos. O Dios o las riquezas.

Un cristiano que está demasiado apegado al dinero se ha equivocado de camino.

Culpar al aumento de la población y no al consumismo extremo es un modo de no enfrentar los problemas.

Si estamos demasiado apegados a las riquezas, no somos libres. Somos esclavos.

El gran peligro en el mundo actual es el triste individualismo que nace del corazón avaro.

Si los bienes materiales y el dinero se convierten en el centro de la vida, nos atrapan y nos esclavizan.

El consumismo nos impulsa a desechar. Pero la comida que se tira a la basura es el alimento que se roba al pobre, al que pasa hambre.

Mientras más vacío está el corazón de la persona, más necesita objetos para comprar, poseer y consumir.

Si acumulas las riquezas como un tesoro, te roban el alma.

Una ecología integral implica dedicar algo de tiempo para reflexionar acerca de nuestro estilo de vida y nuestros ideales.

El ayuno no consiste tan solo en renunciar al alimento, sino también a todo apego morboso y, sobre todo, al pecado.

Jesús nos ayuda siempre a superar las tentaciones de la riqueza, la vanidad y el orgullo que intentan arruinar la verdad.

¡Cuidado con la comodidad! Cuando nos acomodamos, olvidamos fácilmente a los demás.

Cuando se vive apegado al dinero, al orgullo o al poder, es imposible ser feliz.

Dios ama al que da con alegría. Aprendamos a dar generosamente, desprendiéndonos de los bienes materiales.

Solidaridad

No debemos tener miedo de la solidaridad,
de poner a disposición de Dios lo que somos
y tenemos.

Nadie puede sentirse eximido
de la preocupación por los pobres y por
la justicia social.

Las personas enfermas y pobres, así como
los niños por nacer, son imágenes de Dios
y merecedores del máximo respeto.

Las personas pobres y débiles son la «carne de Cristo» que interpela a los cristianos de cualquier confesión.

La hospitalidad en familia es hoy una virtud decisiva, especialmente en las situaciones de mucha pobreza.

La altura de una sociedad se mide en el trato que da a los más necesitados, a quienes no tienen más que su pobreza.

Ayunar no es solo privarse del pan; también es compartir el pan con el hambriento.

Invito a todas las personas de buena voluntad
a actuar contra el tráfico de personas
y las nuevas formas de esclavitud.

Nunca más esclavos. Todos somos hermanos.

Explotadores sin escrúpulos dañan a tantos
niños, tratados como mercancía
y esclavizados. Dios bendiga a quienes
los liberan.

Nunca la humanidad tuvo tanto poder sobre
sí misma y nada garantiza que vaya
a utilizarlo bien.

Hay muchos indigentes en el mundo de hoy.
¿Me encierro en mis cosas, o estoy atento a quien necesita ayuda?

Las familias abiertas y solidarias hacen espacio a los pobres.

La verdadera caridad es un poco atrevida: no tengamos miedo a ensuciarnos las manos para ayudar a los más necesitados.

Hagamos crecer la fraternidad y el intercambio: la colaboración es lo que ayuda a construir sociedades pacíficas y mejores.

Ternura

Qué hermosa es la mirada de Jesús sobre nosotros, cuánta ternura. No perdamos nunca la confianza en la paciente misericordia de Dios.

Dios, enamorado de nosotros, nos atrae con su ternura, naciendo pobre y frágil en medio de nosotros, como uno más.

Dejémonos tocar por la ternura que salva. Acerquémonos a Dios, que se hace cercano, detengámonos a mirar el belén.

Servir con amor y con ternura a las personas que necesitan ayuda nos hace crecer en humanidad.

La humildad y la ternura no son virtudes de los débiles, sino de los fuertes.

Lo que decimos y cómo lo decimos. Cada palabra y cada gesto deberían expresar la compasión, la ternura y el perdón de Dios.

La caridad, la paciencia y la ternura son un gran tesoro. Quien lo tiene lo comparte con los demás.

Toda la historia de la Salvación es la historia de Dios que busca al hombre, le ofrece su amor y lo acoge con ternura.

Cada cristiano es misionero en la medida
que da testimonio del amor de Dios.
¡Sean misioneros de la ternura de Dios!

Nos hace bien salir de nuestros encierros,
porque lo propio del Corazón de Dios
es desbordar de misericordia, esparciendo
su ternura.

Nuestra alegría proviene de la certeza
de que el Señor está cerca con su ternura,
su misericordia, su perdón y su amor.

Dejémonos sorprender por la novedad
que solo Cristo puede dar. Dejemos que su
ternura y su amor muevan nuestros pasos.

Nuestra enseñanza sobre el matrimonio
y la familia no puede dejar de inspirarse
en un mensaje de amor y de ternura.

Un propósito diario: transmitir un poco
de la ternura de Cristo a quienes más
lo necesitan.

Cada vez que miramos a María, volvemos
a creer en la fuerza revolucionaria
de la ternura y del cariño.

Testimonio

Recordémoslo bien todos: no se puede anunciar el Evangelio de Jesús sin el testimonio concreto de vida.

¡Actúa! ¡Vive! Y ante tu vida, ante tu testimonio, alguien te preguntará: «¿Por qué vives así?».

El testimonio cristiano es concreto. Las palabras sin el ejemplo son vacías.

El testimonio más eficaz sobre el matrimonio es la vida ejemplar de los esposos cristianos.

No podemos ser discípulos a medias.
La Iglesia necesita de nuestra valentía para que demos testimonio de la verdad.

Quien no cree o no busca a Dios quizá no haya sentido esa inquietud porque le ha faltado un testimonio.

Donde reinan la violencia y el odio los cristianos están llamados a dar testimonio de Dios, que es Amor.

A los gestos de odio y destrucción respondamos con gestos de bondad.
Tenemos diferentes culturas y religiones, pero somos hermanos.

Frente a las dificultades de la vida, pidamos al Señor que permanezcamos firmes en el testimonio gozoso de nuestra fe.

¿Estamos dispuestos a ser cristianos coherentes, las 24 horas del día, dando testimonio de palabra y con el propio ejemplo?

¡Cuánto bien podemos hacer con el buen ejemplo y cuánto mal con la hipocresía!

Jesús te llama a dejar tu huella en la vida, una huella que marque tu historia y la historia de muchos.

Mi vida, mi actitud, la forma de ir por la vida
deben ser un signo concreto del hecho
de que Dios está cerca de nosotros.

En el testimonio de la fe no cuentan los
éxitos, sino la fidelidad a Cristo.

La Iglesia de hoy es la Iglesia de los mártires:
tantos testigos heroicos. Aprendamos
de su valor.

No me imagino a un cristiano que no sea
capaz de sonreír. Demos testimonio gozoso
de nuestra fe.

Trabajo

Trabajar es propio de la persona humana
y expresa su dignidad de criatura hecha
a imagen de Dios.

Hoy, en el mundo del trabajo, es urgente
educar a recorrer el camino, luminoso
y laborioso, de la honestidad.

Todos tenemos que luchar para que
el trabajo sea una instancia de humanización
y de futuro.

La trata de seres humanos, de órganos, el trabajo forzado y la prostitución son esclavitudes modernas y crímenes contra la humanidad.

El problema del trabajo es grave, por los elevados niveles de desempleo juvenil y porque a veces el trabajo no es digno.

¡Qué importante es el trabajo: para la dignidad humana, para formar una familia, para la paz!

Apreciemos más el trabajo de los empleados domésticos y de los que cuidan a los menores, ancianos o inválidos: es un servicio valioso.

¡Cuánto me gustaría ver a todos con un trabajo decente! Es algo esencial a la dignidad humana.

Si vivimos la fe en la vida diaria, el trabajo se convierte en una oportunidad para transmitir la alegría de ser cristianos.

Cuando no es posible ganarse el pan, se pierde la dignidad. Es un drama en nuestros días, especialmente para los jóvenes.

Pienso mucho en quienes están sin empleo, frecuentemente a causa de una mentalidad egoísta que busca el beneficio a toda costa.

Todo cristiano, en su puesto de trabajo, puede dar testimonio con sus palabras y más aún con una vida honrada.

El discípulo de Cristo, cuando es transparente en el corazón y sencillo en la vida, lleva la luz del Señor a donde vive y trabaja.

El trabajo es importante, pero también el descanso. Aprendamos a respetar el tiempo de descanso, sobre todo los domingos.

El verano da a muchas personas la oportunidad de descansar. Es también un tiempo favorable para cuidar las relaciones humanas.

Vida

Custodiar el sacro tesoro de toda vida humana, desde la concepción hasta el final, es el mejor modo de prevenir cualquier forma de violencia.

Hoy más que nunca tenemos necesidad de que la política y la economía se pongan al servicio de la vida.

Jesús nunca nos invitaría a ser sicarios, sino que nos llama discípulos. Nunca nos mandaría a la muerte; Él es invitación a la vida.

Es Dios quien da la vida. Respetemos y amemos la vida humana, especialmente la que está indefensa en el seno de la madre.

Promovamos con valor todos los medios necesarios para proteger la vida de los niños.

El futuro de nuestras sociedades requiere una atención concreta a la vida por parte de todos, especialmente por parte de las instituciones.

¿Nos detenemos con fe ante las tumbas de nuestros seres queridos, rezando también por los difuntos que nadie recuerda?

Hoy deseo recordar con el corazón
a todas las víctimas del Holocausto.
¡Que sus sufrimientos y sus lágrimas no sean
olvidados nunca!

La vida es un tesoro precioso, pero solo
lo descubrimos si lo compartimos con
los demás.

¡Que Dios nos ayude a respetar siempre
la vida, especialmente la de los más débiles!

Es contrario a la dignidad humana hacer
sufrir inútilmente a los animales y sacrificar
sin necesidad sus vidas.

Con la «cultura del descarte», la vida humana
no es considerada ya un valor fundamental
que hay que respetar y tutelar.

Cada nueva vida nos permite descubrir
la dimensión gratuita del amor.

Cada Vida es un Don.

Gracias, Señor.

AGRADECIMIENTOS

El autor de este libro es el Papa Francisco, y a él tenemos que darle las gracias. Quienes hemos intervenido para hacer posible que lo tengas en tus manos somos actores secundarios.

Es un libro maduro, pero al mismo tiempo abierto, pues recoge tuits hasta el 31 de agosto de 2017. Desde entonces, el manantial sigue fluyendo con una riqueza espiritual cada vez mayor.

Personalmente, me siento en gratísima deuda con Paloma García Ovejero, viceportavoz del Papa, y con Javier Martínez-Brocal, director de la agencia televisiva Rome Reports, por tantas conversaciones que me han ayudado a ver y entender mejor a Francisco.

Y estoy agradecido de todo corazón a mi editora en Espasa, Lola Cruz, quien me llamó a Roma un hermoso día del pasado mes de marzo para preguntarme: «¿Qué te parece la idea de publicar una selección de los mejores tuits del Papa ordenados por temas?».

La idea era genial. Y una vez más me puse a trabajar con Lola, Javier Ponce, Sergio García y Luisa Paunero, lo que siempre es una delicia.

Los errores y omisiones son solo míos, y pido perdón. Agradezco de antemano cualquier comentario o sugerencia que quieras enviarme a mi correo: juanvicenteboo@gmail.com.

Si has comprado personalmente el libro, te daré una pequeña satisfacción. Una parte del precio ha ido a los derechos de autor del Papa Francisco, quien, a su vez, los destina a ayudar a personas necesitadas.

BIBLIOGRAFÍA

SUS RAÍCES:

HIMITIAN, EVANGELINA, *Francisco. El Papa de la gente*, Aguilar, Madrid, 2013.

IVEREIGH, AUSTEN, *El gran reformador,* Ediciones B, Barcelona, 2015.

PIQUÉ, ELISABETTA, *Francisco. Vida y revolución*, La Esfera de los Libros, Madrid, 2014.

SU PROYECTO:

BOO, JUAN VICENTE, *El Papa de la alegría,* Espasa, Barcelona, 2016.

RODRÍGUEZ MARADIAGA, ÓSCAR, *Solo il Vangelo è rivoluzionario,* Piemme, Milán, 2017.

TORNIELLI, ANDREA, *El nombre de Dios es Misericordia*, Planeta, Barcelona, 2016.

SU VISIÓN Y ACTIVIDAD
EN LAS REDES SOCIALES:

Mensaje del Santo Padre Francisco para la 48 Jornada mundial de las Comunicaciones Sociales, «Comunicación al servicio de una auténtica cultura del encuentro», 24 de enero de 2014.

O'Loughlin, Michael J., *The tweetable Pope. A Spiritual Revolution in 140 Characters*, HarperOne, Nueva York, 2015.

Twiplomacy.com, *«Twiplomacy Study 2017», «World Leaders in Instagram 2017»,* Burson-Marsteller, Nueva York, 2017.